まちたんけんの とき 地しんが きたら

- 大人の ちゅういを よく 聞く。
- 学校や 広い 場しょに にげる。
- 海の 近くに いる ときは できるだけ 高い 場しょに にげる。
- ブロックべいから はなれる。
- 切れたり たれ下がったり した 電線に さわらない。

手あらい うがいを する

- 生きものや しょくぶつを さわった 後は 手を あらう。
- 外から 帰ったら 手を あらって うがいを する。

人の じゃまに ならないように する

- 道は よこに 広がって 歩かない。
- 大声を 出さないように 気を つける。
- ふざけながら 歩かない。
- めいわくを かけた…

あいさつを きちんと する

- まずは「こんにちは」と あいさつを する。
- 「わたしたちは ○○小学校の ○年生です。生活科の じゅぎょうで まちを たんけんして います」と もくてきを つたえる。
- 「お話を うかがっても いいですか?」と あいての つごうを 聞く。
- さいごは「ありがとうございました」と おれいを 言う。

みんなで きょう力を する

- 一人で かってに ほかの 場しょへ 行かない。
- より道を しない。
- こまった ことが あったら 友だちや 大人に 言う。
- グループから はなれて しまった 友だちが いたら 声を かける。

監修のことば

　2年生になると、みなさんは生活科でまちたんけんにでかけますね。この授業のねらいは、大きく5つあります。

- まちのじまんできるところや、すてきな人をたくさん見つけること
- まちにあるしぜんやお店、施設、くらしている人が、自分の生活とどう関わっているのか知ること
- まちの人にたくさん話しかけて、人とのつながりを大切にすること
- 道路などのきけんな場しょで、安全な行動がとれるようになること
- まちに住むひとりとして、自分に何ができるか考えること

　「どきどき　わくわく　まちたんけん」のシリーズは全5巻です。
　『公園・はたけ・田んぼ ほか』では、身のまわりの自然がある場所をたんけんします。『わがしのお店・パンのお店・コンビニエンスストア ほか』と『花のお店・本のお店・クリーニング店 ほか』では、まちにあるお店に出かけます。
　『図書かん・公みんかん・じどうかん ほか』と『交番・えき・しょうぼうしょ ほか』では、施設に行ってまちを支える仕組みに気づきます。

　ひとりの力で見つけられるものにはかぎりがありますが、友だちと力を合わせれば、たくさんの発見ができます。このシリーズに登場する4人組のたんけんたいが気づいたことや、発表の仕方などを参考にしてみてください。
　まちたんけんの授業が終わったあとも、人とのつながりをずっと大切にしていければ、あなたの住むまちが居心地のよい"心のふるさと"になることでしょう。

若手三喜雄

計画を立てよう！

東かずき

「生きものが たくさん いそうな ところに 行こうよ！」

まちたんけんカード

- たんけんたいの 名前：しぜん みるみる！たんけんたい
- たんけん する日：5月 8日 月曜日
- しゅっぱつする 時こく 10時00分 → 帰ってくる 時こく 11時10分
- たんけんたいの やくわり
  - リーダー（東 かずき）
  - ふくリーダー（南 あかり）
  - 時計がかり（北見 まな）
  - カメラがかり（西田 こうた）
  - ぜったいまもる！
- 行きたい 場しょ
  - ★ 公園
  - ★ はたけ
  - ★ 田んぼ
- もちもの
  - 水とう
  - かくもの
  - ぼうはんブザーやふえ
  - 時計（まなちゃん）
  - カメラ（こうたくん）
- たんけんたいの やくそく
  - 歩道がない 道があるので 気をつけ 通る。

こまった ことがあったら 大人に たのんで 学校に 電話しよう。　金星小学校：○○-○○○○-○

まちたんけんカード

- たんけんたいの 名前：しぜんみるみる！たんけんたい
- たんけん する日：5月 9日 火曜日
- しゅっぱつする 時こく 10時00分 → 帰ってくる 時こく 11時10分
- たんけんたいの やくわり
  - リーダー（西田 こうた）
  - ふくリーダー（北見 まな）
  - 時計がかり（南 あかり）
  - カメラがかり（東 かずき）
  - ぜったいまもる！
- 行きたい 場しょ
  - ★ かせんしき
  - ★ じんじゃ
  - ★
  - ★
- もちもの
  - 水とう
  - かくもの
  - ぼうはんブザーやふえ
  - 時計（あかりちゃん）
  - カメラ（かずきくん）
- たんけんたいの やくそく
  - 川には ぜったいに 入らない。
  - グループから はなれない。

こまった ことがあったら 大人に たのんで 学校に 電話しよう。　金星小学校：○○-○○○○-○

西田こうた「どこが いいかな？」

南あかり「あぶない 場しょって あるのかな？」

「何に 気を つけたら いいかしら？」北見まな

できた！ わたしたちの まちたんけんカード。

春の公園

同じかな？ 秋の公園

花だんの 花が かわって いるよ。

ドングリが おちて いるわ。

はっぱが 赤く なって いる！

オレンジ色の 花が さいて いる！ いい においが するよ！

はっぱで あそぼう！

お気に入りの はっぱを 見つけられたかな？
たくさん あつめて あそんで みよう！
どんな あそびが できるかな？

いろいろな 形が あるね！

ふくに くっつくよ！

紙に はって みたよ！

かっこいい おめんでしょ？

くらべてみよう！きせつや天気

春の公園

公園のひみつ

人が あつまる 公園には
たくさんの くふうが あったよ！

水のみ場

ひくく なって
いるから
小さな 子も 自分で
水を のめるね。

花だん

みんなが いつも きせつの
花を 楽しめるように
うえかえて いるんだって。

さく

こいでいる ブランコに
ぶつかって しまわない
ように まわりに
さくが あるのよ。

ほかにも

公園の 入り口の さく。
道ろへの とび出しを ふせいで いる。

11

はたけ

聞いて みよう

はたけでは どんな 野さいを つくって いるのかな？
はたけの 人に いろいろ 聞いて みよう。

ビニールハウスの 中には 何が あるのですか？

トマトだよ。
ビニールハウスの 中は トマトが そだちやすい あたたかさに して いるんだ。
だから 夏に とれる トマトを 春でも とる ことが できるんだよ。

ビニールハウス

野さいには とれる きせつが あるんだね。

何を うえて いたの ですか？

サツマイモの なえだよ。
なえから ねっこが のびて その ねっこが 秋には 大きな サツマイモに そだつんだ。
いもほりが できるよ。

ぼくも 大きな おいもを そだてて みたいな。

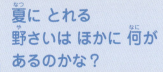
夏に とれる 野さいは ほかに 何が あるのかな？

もっと知りたい

へんしん！クイズ

答えは 15ページ

アイウは 何に へんしんするかな？
下の ①〜⑤の しゃしんから えらんでね。

ア

キャベツが 大すき！
キャベツの はっぱの あなは
わたしが 食べた あとよ。
大人に なったら 何に
へんしん すると 思う？

ウ

お日さまが 大すきな
花の たねだよ。
遠くまで とんで また
花に なるんだ。

イ

子どもの ころは 水の 中で
しずかに くらすよ。
大人に なったら 体の
形が かわって りくにも
出られるんだ。

どれかな？

① トンボ　③ タンポポ　⑤ カエル
② チョウ　④ ヒマワリ

クイズの 答え
分かったかな？
つぎは 田んぼまで
歩いて 行くよ。

道ではっけん！

田んぼに 行く とちゅうでも いろいろな はっけんが あったよ。

- きれいな 花が さいて いる！
- 魚は いるのかな？
- 水が きれい だなあ。
- 水が ゆっくり ながれて いるわ。

❗ 水の ある 場しょは すべりやすいよ。よく ちゅういして 大人と いっしょに たんけんしよう。

こんな草を見たことある？

この 7つの 草を 春の 七草と いうよ。
はたけや 田んぼや 小川の そばに はえる 草なんだ。
1月7日には この 七草を おかゆに 入れて 食べる しゅうかんが あるよ。

セリ

ナズナ

ゴギョウ（ハハコグサ）

ハコベラ（ハコベ）

ホトケノザ（コオニタビラコ）

スズナ（カブ）

スズシロ（ダイコン）

❗ 草は よく にた どくの ある ものも あるので くわしい 人に 聞いてから とろう。

【14ページの クイズの 答え】ア→②チョウ　イ→⑤カエル　ウ→③タンポポ

田んぼ

おもしろいよ 田んぼの生きもの

田んぼや そのまわりには いろいろな 生きものが いたよ。

メダカ

小川にも いたけど 田んぼの 近くにも いるのね。

ドジョウ

どろの 中から 出て きたから びっくりしたよ。

ザリガニは 川の ある 公園でも 見つけた ことが あるんだよ。

サギ

田んぼの 中を くちばしで つついて いたわ。

アメンボは 水たまりにも いたよ。

大きな おしりだね！ やごは トンボに なるんだって。

ザリガニ

アメンボ

やご

! 田んぼの 中を かんさつしたい ときは 田んぼの 人に 聞いてからに しよう。

サギは 田んぼで 何を して いたのかな？
おたまじゃくしは カエルに なるとき 前足と 後ろ足 どっちが 先に 出るのかな？
しっぽは どうなっちゃうと 思う？ しらべて みてね。

もっと知りたい

17

チャレンジ ザリガニを かってみよう！

ザリガニの つり方

細い ぼうに 糸を むすんで にぼしなどの えさを つける。

えさを つけた 糸を 水の 中に たらす。

つれたら バケツなどに 入れる。あみを つかって 入れても よい。

ザリガニの もち方

せなかの 方から、はさみの つけねを おさえるように おやゆびと 人さしゆびで つかむ。

ザリガニの 家

じゃりを しいた 水そうに かくれがと 空気を おくりこむ きかいを 入れる。水は 1日 くみおきした ものを つかう。

ザリガニの えさ

にぼし

ソーセージ

食パン

ハクサイ

えさは 1日おきに やる。

! ザリガニの はさみに はさまれないように 気を つけよう。

! 水が くさるので 入れすぎない ように する。

ザリガニの おすと めすは どう やって 見分けるのかな？

もっと知りたい

田んぼ

聞いて みよう

田んぼでは お米を とる ために
イネを うえて いたよ。
つくって いる 人に
聞いて みよう！

お米を つくる ときに
たいへんな ことは
何ですか？

天気が わるかったり はっぱを 虫に
食べられたり する ことよ。
カマキリや トンボや カエルなどの
生きものは はっぱを 食べる わるい 虫を
食べて くれるの。

へ〜 田んぼに
とって いい 生きものが
いるんだ〜。

うれしい ことは
何ですか？

おいしい お米が とれた ときよ。
みんなが 食べる きゅう食の ごはんは
おばさんが つくって いるの。
みんなの ためにも
おいしい お米を つくりたいわ。

ぼく きゅう食の
ごはん 大すきです！

お米に なるまで
何日くらい
かかりますか？

140日くらいよ。
春に うえてから 大切に そだてて
秋に やっと お米に なるの。

秋に なったら
また 見に
行きたいな。

楽しかったよ かせんしき♪

かせんしきは とても 広かったよ。いろいろな 人に あそび方を 教えて もらったんだ。

かせんしき

虫さがしを したよ！お兄さんに 教えて もらったんだ。

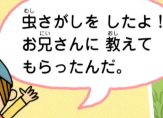

花で かんむりを つくって いたよ！ わたしは 四つばの クローバーも 見つけたの。

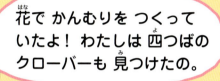

グラウンドゴルフの しあい おもしろかった！ボールを うって ホールポストに 入れるんだ。

ホールポスト→

カニを 見つけたわ。ごみを ひろって いた 人が 教えて くれたの。

秋に なったら ようふくなどに くっつく ひっつき虫と よばれる しょくぶつが はえるよ。さがして みよう！

もっと知りたい

聞いてみよう

じんじゃには 家の まわりで 見かけた ことが ない 大きな 木が あったわ。かんぬしさんに 話を 聞いて みよう。

こちらの じんじゃは いつ たてられた のですか？

400年前です。
むかしから この まちに ありました。
400才の 大木も あるんですよ。

すごいな！
おじいちゃんより ずっと 年上だ

どうして 大きな 門が あるのですか？

大きな 門は 鳥いと いいます。
かみさまの いらっしゃる ところ ですよと みんなに 分かるように して います。地図にも 鳥いの 形が じんじゃの マークとして のって いるんですよ。

分かりやすい マークだね。

じんじゃに行ったことある？

夏まつりに 行ったよ。
お父さんが たいこを たたいたんだ。ぼくも たいこを たたけるように なりたいな。

お正月に はつもうでに 行ったわ。
よい 年に なりますようにって おねがいを したの。

見つけたよ！ いろいろな しぜん

耳を すましたり 手で さわったり したら 楽しい はっけんが あったよ。

いろいろな 音が 聞こえたよ。

鳥の 声 / キュルキュル

ゲコゲコ / カエルの 声

雨の 音 / ポツポツ

さわった かんじも おもしろかった！

タンポポの わた毛 / ふわふわ

つるつる / サルスベリ

ざらざら / スギ

においが する 花を 見つけたわ。

ドクダミ

クチナシ

生きものの すを 見つけたよ！

アリのす

ツバメのす

クモのす

まちたんけん新聞

公園新聞　5月30日　南あかり

公園で見つけたくふう

1 高さのちがう水のみ場とてつぼう

わたしたちでもつかいやすいように、ひくくなっているものがありました。

水のみ場とてつぼう

2 いろいろな楽しみ方ができるいす

丸太のいすは、どのむきからでもすわれます。せもたれのあるベンチでは、ゆっくりできそうでした。

丸太のいすとベンチ

3 ブランコのまわりや入り口のさく

こいでいる人とぶつからないように、さくがありました。公園の入り口にもさくがありました。道ろへのとび出しをふせぐやくわりもします。

ブランコのさく
公園の入り口のさく

まちたんけんで 見つけた ことの 中から
みんなに つたえたい ことを 新聞に したよ。

しょくぶつがいっぱい！

花だんには、いつも花がさいています。それは、花がさきおわるとまた、新しい花にうえかえているからでした。わたしたちが見た花の名前や、公園をすてきにしてくれているしょくぶつをしょうかいします。

草花

タンポポ
朝さいて夕方とじる。雨の日もとじる。

シロツメクサ
花のかんむりをつくれる。

パンジー
11月からつぎの年の5月くらいまでさく。

ポピー
4月から6月くらいまでさく。

秋にへんかする木

ハナミズキ
秋にはっぱの色がかわる。

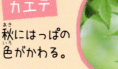
マテバシイ
ドングリがなる。

カエデ
秋にはっぱの色がかわる。

公園で会った人　元木さん

学校へ行くときに、いつも「おはよう！」とあいさつをしてくれる近じょのおじいさんがいました。元木さんという人です。公園で、池や木をながめるのがすきなんだそうです。

田んぼ新聞

5月30日
西田こうた

米づくりを手つだう生きもの！？

お米になるまでそだてるのは、とてもたいへんです。はっぱを食べてしまう虫がいてこまるからです。しかし、カマキリやトンボ、カエルなどは、お米にとってわるい虫を食べてくれるそうです。

イネをまもってくれる生きもの

田んぼは生きもののすみか！

田んぼには、カエルの子どものおたまじゃくしや、トンボの子どものやごがいました。水がはやくながれないところの方が、そだちやすいのだそうです。

カエルの子ども（おたまじゃくし）

トンボの子ども（やご）

田んぼではたらく人

きゅう食のごはんは、米田さんがつくってくれたお米です。米田さんは、ぼくたちにおいしいごはんを食べてもらいたいと思って、お米づくりをがんばっているのだそうです。こんど、米田さんにおれいの手紙をかこうと思います。

田んぼではたらく米田さん

おもしろいよ！ザリガニ

田んぼのよこをながれる水の中に、ザリガニがいました。おすとめすの見分け方を、米田さんが教えてくれました。おすは、めすよりはさみが大きいそうです。とくにおなかにとくちょうがあると言っていました。こんど、ザリガニをかって、かんさつしてみようと思います。

ザリガニ

監修／若手三喜雄
(かんしゅう わかて み き お)

共栄大学教育学部教育学科教授
埼玉県生まれ。
川越市内の公立小学校から埼玉大学教育学部附属小学校、所沢市教育委員会、川越市教育委員会、埼玉県教育委員会、埼玉県川越市立仙波小学校校長等を経て現職。生活科の創設当初から様々な実践研究を行い、文部科学省関連の調査研究多数。『生活科の授業方法』（ぎょうせい）『学習のしつけ・生活のしつけ』（教育開発研究所）『新任教師のしごと 生活科 授業の基礎基本』（小学館）など著書多数。

写真
大澤貞子
NPO法人かみえちご山里ファン倶楽部
株式会社円山工芸
ピクスタ

STAFF
イラスト●くるまざきのりこ／たはらともみ
デザイン・DTP●田中小百合（osuzudesign）
校　　正●鈴木喜志子
編　　集●株式会社アルバ

参考文献
『あしたへ ジャンプ 新編 新しい生活-下』（東京書籍）

どきどき わくわく まちたんけん
公園・はたけ・田んぼ ほか
（こうえん・はたけ・たんぼ）

初版発行／2017年3月

監修／若手三喜雄

発行所／株式会社金の星社
　　　　〒111-0056　東京都台東区小島1-4-3
　　　　TEL 03-3861-1861（代表）
　　　　FAX 03-3861-1507
　　　　ホームページ http://www.kinnohoshi.co.jp
　　　　振替 00100-0-64678
印刷／広研印刷株式会社　製本／東京美術紙工

乱丁・落丁本は、ご面倒ですが小社販売部宛にご送付ください。
送料小社負担にてお取替えいたします。
©Noriko Kurumazaki,Tomomi Tahara, ARUBA inc., 2017
Published by KIN-NO-HOSHI SHA,Tokyo,Japan
NDC376　32ページ　26.6㎝　ISBN978-4-323-04231-2

JCOPY 出版者著作権管理機構 委託出版物
本書の無断複写は著作権法上での例外を除き禁じられています。複写される場合は、そのつど事前に、出版者著作権管理機構（電話 03-3513-6969 FAX 03-3513-6979、e-mail: info@jcopy.or.jp）の許諾を得てください。
※本書を代行業者等の第三者に依頼してスキャンやデジタル化することは、たとえ個人や家庭内での利用でも著作権法違反です。

どきどきわくわく まちたんけん

シリーズ全5巻　小学校低学年向き
A4変型判　32ページ　図書館用堅牢製本　NDC376

> おどろきいっぱいの まちに たんけんに 出かけよう！
> この シリーズでは 4人組の たんけんたいが
> みの まわりの しぜんが ある 場しょや お店や
> しせつに 出かけて たくさんの はっけんを します。
> あなたの すんで いる まちと くらべながら
> いっしょに さがして みてください。

公園・はたけ・田んぼ ほか

公園　はたけ　田んぼ
かせんしき　じんじゃ

わがしのお店・パンのお店・コンビニエンスストア ほか

わがしのお店　せいか店
パンのお店　コンビニエンスストア
スーパーマーケット

花のお店・本のお店・クリーニング店 ほか

りはつ店　花のお店
本のお店　やっきょく
クリーニング店

図書かん・公みんかん・じどうかん ほか

ようち園・ほいくしょ
じどうかん　公みんかん
ゆうびんきょく　図書かん

交番・えき・しょうぼうしょ ほか

やくしょ　交番
えき　ろう人ホーム
しょうぼうしょ